RADIOBIBLIA BAOTENG PARA PRINCIPIANTES

NUEVA EDICIÓN

Ethan Ben Lane

RADIOBIBLIA BAOTENG PARA PRINCIPIANTES

NUEVA EDICIÓN

La guía completa del guerrillero para dominar la comunicación por radio

Ethan Ben Lane

Tabla de contenido

Introducción

"La comunicación es el sustento de cualquier operación, sin importar cuán pequeña o grande sea". — **Ethan Ben Lane**

Fuente de imagen gratuita: Pexels.com - Persona sosteniendo un walkie talkie

En un mundo impredecible en el que pueden ocurrir desastres naturales, emergencias e incluso operaciones tácticas sin previo aviso, una comunicación confiable se convierte en el sustento para la supervivencia y el éxito. Ya sea que sea un prepper, un superviviente, un entusiasta de la radioafición o alguien que busca mantenerse conectado durante momentos críticos, dominar el arte de la comunicación por radio es esencial. Entre la gran cantidad de herramientas disponibles, **las radios Baoteng** se destacan como una solución versátil y asequible.

Este libro, ***Baoteng Radio Bible for Beginners: The Complete Guerrilla's Guide to Mastering Radio Communication*** , sirve como un manual integral diseñado para desmitificar el mundo de las radios Baoteng. Desde la comprensión de su historia y evolución hasta el dominio de funciones avanzadas y aplicaciones tácticas, esta guía está diseñada para ayudar tanto a principiantes como a usuarios experimentados a navegar por las complejidades de la comunicación por radio.

¿Por qué radios Baoteng?

Las radios Baoteng han ganado una inmensa popularidad debido a su asequibilidad, confiabilidad y sólido conjunto de funciones. Estos dispositivos ofrecen una combinación perfecta de funcionalidad y facilidad de uso, lo que los convierte en la mejor opción para diversas situaciones, como:

- Preparación para emergencias
- Aventuras al aire libre como senderismo y acampada.
- Operaciones tácticas y guerrilleras

Ya sea que necesite comunicarse durante un desastre natural, coordinar un grupo en una ubicación remota o garantizar comunicaciones seguras en entornos de alto riesgo, las radios Baoteng están a la altura de la tarea.

Lo que aprenderás en este libro

Este libro está dividido en seis partes completas que cubren todo, desde las configuraciones básicas hasta las estrategias tácticas avanzadas. A continuación, se incluye un adelanto de lo que obtendrá:

- **Parte 1:** Conocimientos básicos sobre las radios Baoteng, incluida su historia y configuración básica.
- **Parte 2:** Instrucciones paso a paso sobre cómo programar su radio y explorar varios modos de funcionamiento.
- **Parte 3:** Funciones avanzadas para mejorar el rendimiento de su radio, como la conexión a dispositivos externos y la mejora del alcance de la señal.
- **Parte 4:** Aplicaciones del mundo real en operaciones de radioaficionados, escenarios de emergencia y monitoreo meteorológico.

- **Parte 5:** Estrategias tácticas para una comunicación segura en situaciones de guerrilla y supervivencia.
- **Parte 6:** Técnicas avanzadas como el cifrado y tendencias futuras en la comunicación por radio.

¿Para quién es este libro?

Ya sea que recién esté comenzando o esté buscando profundizar sus conocimientos, este libro es para:

- Principiantes curiosos sobre las radios Baoteng y su potencial.
- Entusiastas de la preparación para emergencias que buscan herramientas de comunicación confiables.
- Operadores tácticos que necesitan canales de comunicación seguros y eficientes.
- Cualquiera que busque mejorar sus habilidades de supervivencia a través de una comunicación por radio eficaz.

Cómo utilizar este libro

Cada capítulo incluye pasos claros y prácticos que te ayudarán a comprender los conceptos clave. Para mejorar tu aprendizaje, también hemos incluido una sección de referencia con imágenes que brindan demostraciones prácticas de los temas tratados.

Cuando termine de leer este libro, tendrá las habilidades y la confianza necesarias para utilizar las radios Baoteng de manera eficaz en cualquier situación. ¡Embárquese en este viaje para dominar el arte de la comunicación por radio!

Parte 1: Fundamentos de la radio Baoteng

Fuente de la imagen: Medium.com - Baoteng Radio

Capítulo 1: Entendiendo el legado de las radios Baoteng

Las radios Baoteng se han ganado un nicho único en el mundo de las comunicaciones. Conocidas por su fiabilidad, versatilidad y asequibilidad, estas radios son un elemento básico tanto para aficionados como para profesionales. Tanto si eres un aficionado, un socorrista o alguien que se prepara para emergencias, Baoteng ofrece una herramienta de comunicación que es potente y fácil de usar.

Evolución de las radios portátiles: una breve historia

La historia de las radios portátiles se remonta a principios del siglo XX, cuando los primeros dispositivos de comunicación bidireccional revolucionaron las comunicaciones militares y civiles. Las radios, que en un principio eran voluminosas y tenían un alcance limitado, han evolucionado drásticamente a lo largo de las décadas. La introducción de los dispositivos portátiles a finales del siglo XX marcó un punto de inflexión, ya que permitieron una comunicación fluida en movimiento.

Baoteng surgió durante este período de transformación, aprovechando los avances tecnológicos para ofrecer radios compactas y fáciles de usar. Su asequibilidad y versatilidad las convirtieron en las favoritas entre los radioaficionados, los supervivientes y los profesionales de diversos campos.

Hitos clave en el desarrollo de Baoteng

La trayectoria de Baoteng está marcada por varias innovaciones clave:

- **Introducción del modelo UV-5R** : este modelo cambió las reglas del juego, ofreciendo funcionalidad de doble banda, calidad de construcción sólida y una amplia gama de funciones a un precio inmejorable.
- **Expansión a funciones avanzadas** : a lo largo de los años, Baoteng incorporó características

como canales de memoria programables, rangos de frecuencia extendidos y durabilidad mejorada.

- **Adopción global** : hoy en día, las radios Baoteng se utilizan en todo el mundo, reduciendo las brechas de comunicación en diversos entornos, desde entornos urbanos hasta áreas silvestres remotas.

Por qué Baoteng destaca en el mundo de la comunicación

Las radios Baoteng no sólo son populares; son preferidas por varias razones:

- **Asequibilidad** : radios de alta calidad a una fracción del costo de los competidores.
- **Facilidad de uso** : Las interfaces simples las hacen accesibles tanto para principiantes como para profesionales.
- **Versatilidad** : con funciones personalizables y compatibilidad con una amplia gama de accesorios, las radios Baoteng se adaptan a diversas necesidades de comunicación.

- **Confiabilidad** : diseñados para funcionar en condiciones difíciles, ofrecen un rendimiento constante cuando más importa.

Capítulo 2: Configuración de su radio Baoteng

Comenzar a utilizar su radio Baoteng es una experiencia emocionante. Este capítulo le guiará a través del proceso de configuración inicial, lo que le permitirá estar listo para comunicarse de manera eficaz en poco tiempo.

Unboxing y primer vistazo: qué esperar

Cuando desempaquete su radio Baoteng, encontrará:

- La unidad de radio en sí
- Una antena desmontable
- Una batería recargable
- Una base de carga y un adaptador de corriente.
- Un clip para cinturón para transportarlo fácilmente.
- Un auricular o casco (según el modelo)
- Un manual de usuario para referencia rápida

Asegúrese de que todos los componentes estén presentes y sin daños antes de continuar.

Montaje de los componentes: baterías, antenas y accesorios

Comience por colocar la batería en la radio. La mayoría de los modelos Baoteng vienen con un mecanismo de cierre sencillo para asegurar la batería. Una vez hecho esto, atornille la antena en su lugar en la parte superior de la radio. Este paso es crucial para garantizar una recepción y transmisión de señal óptimas.

Se pueden conectar accesorios adicionales, como clips para cinturón o auriculares, según sea necesario para mejorar la experiencia del usuario. Asegúrese de que cada componente esté fijado de forma segura para evitar desconexiones accidentales.

Familiarizarse con la interfaz y los menús

Las radios Baoteng cuentan con una interfaz sencilla diseñada para un uso intuitivo:

- **Teclado y botones** : el teclado permite la entrada manual de frecuencias y la navegación por el menú. Los botones adicionales ofrecen acceso rápido a funciones como escaneo y control de volumen.

- **Pantalla LCD** : La pantalla retroiluminada proporciona información importante, incluida la frecuencia actual, el estado de la batería y el número de canal.

- **Navegación por el menú** : utilice el botón de menú para acceder a diversas configuraciones, desde la programación de canales hasta el ajuste del brillo de la pantalla. Si se familiariza con estos menús, podrá aprovechar al máximo el potencial de su radio.

Una vez que haya configurado su radio Baoteng, ya está listo para explorar sus capacidades. Ya sea que esté sintonizando frecuencias locales o preparándose para emergencias, el viaje recién comienza.

Parte 2: Dominio de la programación y los modos operativos

Capítulo 3: Personalización de la radio: conceptos básicos de programación

La programación de su radio Baoteng es fundamental para aprovechar todo su potencial. Ya sea que se esté preparando para aventuras al aire libre, situaciones de emergencia o comunicaciones profesionales, la personalización le garantiza que aprovechará al máximo su dispositivo. Este capítulo le guiará a través de los aspectos básicos de la programación, tanto manual como mediante software.

Programación manual: instrucciones paso a paso

La programación manual es una habilidad valiosa para realizar ajustes rápidos en el campo. Analicemos el proceso:

1. **Cambiar al modo de frecuencia**
   ○ Encienda su radio Baoteng y asegúrese de que esté configurada en modo de

frecuencia. Si la pantalla muestra números de canal en lugar de frecuencias, presione el botón VFO/MR para alternar.

2. **Introducción de frecuencias**

   ○ Utilice el teclado para ingresar directamente la frecuencia deseada. Puede ser una frecuencia de repetidor local, un canal de seguridad pública o una línea de comunicación predeterminada del equipo.

3. **Configuración de frecuencias de transmisión y recepción**

   ○ En el caso de los repetidores, es necesario configurar tanto la frecuencia de recepción (RX) como la de transmisión (TX). También será necesario ajustar el desfase, si es necesario.

   ○ Navegue por las opciones del menú para encontrar la configuración "OFFSET" y aplique el valor correcto.

4. **Guardar frecuencias en la memoria**

    ○ Después de configurar la frecuencia, presione MENÚ , desplácese hasta "MEM-CH" (canal de memoria) y guarde la configuración en un espacio de canal disponible.

La programación manual puede llevar tiempo, pero es un método confiable cuando no hay herramientas de software disponibles.

Simplificando el proceso con el software CHIRP

CHIRP es una herramienta de gran ayuda para quienes administran varias radios o programan una gran cantidad de frecuencias. A continuación, le indicamos cómo optimizar su experiencia:

1. **Instalar y ejecutar CHIRP**

    ○ Visite el sitio web oficial de CHIRP y descargue el software para su sistema operativo. Una vez instalado, conecte su radio Baoteng mediante un cable de programación USB.

2. **Descargar configuración actual**

   o   Abra CHIRP, seleccione el modelo de su radio y descargue la configuración actual. Esto garantiza una copia de seguridad de su configuración existente.

3. **Editar datos de frecuencia y canal**

   o   CHIRP ofrece una interfaz similar a una hoja de cálculo en la que puede agregar, eliminar o modificar rápidamente entradas de frecuencia. También puede configurar etiquetas personalizadas para cada canal.

4. **Subir cambios a la radio**

   o   Una vez que hayas completado las modificaciones, carga la nueva configuración en tu radio. Este proceso es más rápido y preciso que la introducción manual.

Ventajas de CHIRP :

- Programación masiva en minutos.
- Fácil copia de seguridad y restauración de la configuración de la radio.
- Flexibilidad mejorada con funciones avanzadas como silenciamiento de tono y ajustes de potencia.

Capítulo 4: Exploración de los modos operativos clave

Los modos de funcionamiento son las funciones principales de su radio Baoteng. Desde el escaneo de frecuencias hasta el monitoreo de canales duales, comprender estos modos mejora la eficiencia de su comunicación.

Frecuencias de escaneo y guardado

La función de escaneo está diseñada para buscar automáticamente transmisiones activas dentro de un rango específico. A continuación, se explica cómo utilizarla de manera eficaz:

1. **Activación del modo de escaneo**
   - Presione el botón SCAN o navegue hasta la opción de escaneo en el menú. La radio comenzará a recorrer las frecuencias o canales.

2. **Pausa en canales activos**
   - ○ Cuando la radio detecta una transmisión activa, se detiene para permitirle escuchar. Si no se detecta más actividad, el escaneo se reanuda automáticamente.
3. **Guardar frecuencias activas**
   - ○ Si una frecuencia resulta útil, puede guardarla en un canal de memoria directamente desde el modo de escaneo siguiendo las instrucciones en pantalla.

Aplicaciones prácticas del escaneo :

- Ubicación de transmisiones de emergencia en zonas de desastre.
- Monitoreo de frecuencias de seguridad pública.
- Identificar canales de comunicación activos en entornos concurridos.

Explicación de las funciones de doble vigilancia y doble PTT

Las radios Baoteng admiten el funcionamiento en banda dual, lo que permite manejar dos frecuencias a la vez. Esto resulta particularmente útil en situaciones en las que es necesario el monitoreo constante de dos canales.

1. **Modo de doble vigilancia**
   - Este modo permite que la radio cambie entre dos frecuencias y priorice cualquier canal activo. Por ejemplo, puede monitorear la frecuencia de comunicación de un equipo junto con un canal de alerta meteorológica.

2. **Función de doble PTT**
   - La radio está equipada con dos botones PTT, cada uno correspondiente a una de las frecuencias activas. Esto le permite transmitir en cualquiera de los canales sin tener que cambiar manualmente.

Beneficios de las funciones duales :

- Comunicación fluida entre múltiples grupos.
- Mayor conocimiento de la situación en entornos dinámicos.
- Mayor flexibilidad durante las operaciones tácticas.

Capítulo 5: Desbloqueo de funciones de privacidad con tonos CTCSS/DCS

Las funciones de privacidad como CTCSS (sistema de silenciamiento con codificación de tono continuo) y DCS (silenciamiento con codificación digital) permiten a los usuarios minimizar la interferencia y mantener comunicaciones semiprivadas dentro de frecuencias compartidas.

Introducción a los sistemas de tonos

Tanto el CTCSS como el DCS utilizan tonos subaudibles para diferenciar entre transmisiones en la misma frecuencia. Esto garantiza que solo las transmisiones con el tono o código correcto abrirán el silenciador de su radio.

- **CTCSS** : utiliza tonos analógicos en un rango de frecuencia de 67,0 Hz a 254,1 Hz.
- **DCS** : Utiliza códigos digitales, ofreciendo una gama más amplia de combinaciones.

Cómo configurar y utilizar códigos de privacidad de forma eficaz

1. **Acceder a la configuración de tono**
   - Presione el botón MENÚ y navegue hasta la configuración de tono (R-CTCSS para tono de recepción y T-CTCSS para tono de transmisión).

2. **Seleccionar un tono o código**
   - Utilice el teclado o desplácese por las opciones para elegir un tono o código adecuado. Asegúrese de que todas las radios de su grupo estén configuradas con el mismo tono para una comunicación fluida.

3. **Probando la configuración**
   - Una vez configurada, pruebe la configuración transmitiendo desde una radio y recibiendo desde otra. El silenciador solo debería abrirse si el tono coincide.

Aplicaciones en el mundo real

- **Comunicaciones grupales** : evita interferencias de otros usuarios en la misma frecuencia.
- **Privacidad mejorada** : si bien no es seguro en el sentido de cifrado, minimiza las escuchas no deseadas.
- **Reducción de ruido** : filtra las transmisiones irrelevantes y proporciona un audio más claro.

Parte 3: Funciones avanzadas y personalización

Capítulo 6: Aprovechamiento de capacidades avanzadas

Las radios Baoteng están repletas de funciones avanzadas que pueden mejorar significativamente su experiencia de comunicación. Estas capacidades, cuando se utilizan correctamente, hacen que el dispositivo sea más que una radio bidireccional estándar, elevando su funcionalidad para diversas situaciones.

Configuración y ventajas de la activación por voz (VOX)

La función de activación por voz (VOX) permite el funcionamiento con manos libres mediante la transmisión automática cuando el dispositivo detecta su voz. Esto resulta especialmente útil en situaciones en las que el uso del botón Pulsar para hablar (PTT) resulta incómodo o imposible.

Cómo habilitar VOX: paso a paso

1. **Acceder a la configuración de VOX**
   - Presione el botón MENU y navegue hasta la opción VOX. Según el modelo, esta opción suele estar etiquetada como "VOX" o "VOX LEVEL".

2. **Selección de los niveles de sensibilidad VOX**
   - Seleccione un nivel de sensibilidad. Cuanto más bajo sea el nivel, más fuerte será la voz necesaria para activar la transmisión. Una sensibilidad más alta capta voces más suaves, pero también puede activarse por el ruido de fondo.

3. **Prueba y ajuste**
   - Una vez que VOX esté habilitado, pruébelo en un entorno controlado. Ajuste la sensibilidad según sea necesario para equilibrar la capacidad de respuesta y el rechazo del ruido de fondo.

Beneficios de VOX

- **Operación manos libres** : ideal para realizar múltiples tareas en entornos exteriores, tácticos o laborales.
- **Seguridad mejorada** : permite a los usuarios mantener las manos libres para otras tareas críticas, como conducir o escalar.
- **Comunicación de equipo mejorada** : garantiza una coordinación más fluida durante actividades de ritmo rápido o de alta presión.

Ajuste de las preferencias de pantalla y sonido para un uso óptimo

Personalizar la pantalla y la configuración de sonido de su radio puede mejorar significativamente la experiencia del usuario, especialmente durante el uso prolongado o en entornos ruidosos.

Configuración de pantalla

1. **Personalización de la retroiluminación**
   - Acceda a la configuración de la luz de fondo a través del menú. Ajuste el brillo y la duración según sus necesidades. Una luz de fondo más brillante resulta útil en condiciones de poca luz, pero agota la batería más rápido.

2. **Ajuste de contraste**
   - Algunos modelos permiten personalizar el contraste. Un contraste óptimo mejora la legibilidad de la pantalla en entornos con mucha luz.

3. **Visualización del nombre del canal**
   - En lugar de mostrar números de frecuencia, puede etiquetar los canales con nombres personalizados. Esto resulta especialmente útil cuando se administran varios grupos o propósitos.

Preferencias de sonido

1. **Pitido del teclado**
   - Puede habilitar o deshabilitar el pitido del teclado según sus preferencias. Deshabilitarlo es útil para operaciones sigilosas, mientras que habilitarlo proporciona una respuesta de audio durante la navegación.

2. **Ajustes preestablecidos de volumen**
   - Establezca niveles de volumen predeterminados para garantizar la claridad sin ajustes frecuentes. Esto es fundamental en entornos ruidosos o cuando se necesitan respuestas rápidas.

3. **Tonos de alerta**
   - Personalice los tonos de alerta para diferentes notificaciones, como advertencias de batería baja o transmisiones entrantes.

Capítulo 7: Preparación para emergencias

La comunicación eficaz es fundamental en situaciones de emergencia, y su radio Baoteng puede servir como un salvavidas cuando fallan otras formas de comunicación. Este capítulo se centra en la preparación de su radio para situaciones de crisis.

Precarga de frecuencias críticas de emergencia

Para asegurarse de estar siempre preparado, cargue previamente su radio con frecuencias de emergencia esenciales. Estas pueden incluir:

1. **Servicios de emergencia locales** : frecuencias de bomberos, policía y ambulancias.
2. **Frecuencias de emergencia nacionales** : Frecuencias universales como 121,5 MHz para emergencias de aviación.

3. **Alertas comunitarias** : frecuencias para equipos de respuesta comunitarios locales o grupos de vigilancia vecinal.

Cómo precargar frecuencias

1. **Frecuencias críticas de investigación**
   - Consulte los recursos locales de gestión de emergencias o bases de datos en línea para identificar las frecuencias relevantes.
2. **Programar manualmente o utilizar CHIRP**
   - Ingrese estas frecuencias manualmente o utilice CHIRP para una programación masiva más rápida.
3. **Probar y verificar**
   - Pruebe periódicamente estas frecuencias para asegurarse de que estén activas y funcionales.

Cómo establecer un plan de comunicación eficaz para situaciones de crisis

Un plan de comunicación eficaz describe cómo utilizar la radio durante emergencias para mantenerse conectado y seguro.

Elementos clave de un plan de comunicación

1. **Canales predefinidos para miembros de la familia o del equipo**
   - Asigne canales específicos para la comunicación dentro de su hogar o equipo.
2. **Establecer protocolos de comunicación**
   - Establezca pautas sobre cuándo y cómo comunicarse. Por ejemplo, acuerde intervalos de registro y códigos de emergencia.
3. **Canales de respaldo**
   - Designar frecuencias secundarias en caso de que los canales primarios estén comprometidos o congestionados.

Capítulo 8: Alertas meteorológicas y monitoreo en tiempo real

Los cambios climáticos pueden afectar en gran medida las actividades al aire libre y las situaciones de emergencia. Las radios Baoteng equipadas con canales NOAA (Administración Nacional Oceánica y Atmosférica) ofrecen actualizaciones meteorológicas en tiempo real para mantenerlo informado.

Cómo usar los canales meteorológicos de la NOAA para mantenerse informado

Los canales meteorológicos de la NOAA brindan actualizaciones las 24 horas, los 7 días de la semana sobre las condiciones climáticas, incluidas advertencias de clima severo.

Cómo acceder a los canales NOAA

1. **Habilitar el modo de canal meteorológico**
   - Presione el botón MENÚ y navegue hasta la configuración de los canales

meteorológicos. Seleccione la opción adecuada para habilitar los canales NOAA.

2. **Busque transmisiones meteorológicas locales**
   - Utilice la función de escaneo para encontrar la estación NOAA más cercana que transmita actualizaciones meteorológicas.

3. **Alertas del monitor**
   - Mantenga la radio en modo de espera para recibir alertas automáticas durante eventos climáticos severos.

Integración de actualizaciones meteorológicas con la planificación de emergencias

Las actualizaciones meteorológicas pueden servir de base para tomar decisiones cruciales durante emergencias. A continuación, le indicamos cómo integrarlas:

1. **Acciones preventivas basadas en alertas meteorológicas**

- Utilice datos en tiempo real para decidir sobre rutas de evacuación, planes de refugio o almacenamiento de suministros.

2. **Ajustes del protocolo de comunicación**
   - Actualice el plan de comunicación de su equipo en función de las condiciones climáticas para garantizar operaciones seguras y eficientes.

Capítulo 9: Uso de radios Baoteng para comunicación satelital

En lugares remotos donde los métodos de comunicación tradicionales fallan, la comunicación satelital puede ser un factor decisivo. Las radios Baoteng pueden interferir con los sistemas de comunicación satelital para lograr un mayor alcance y confiabilidad.

Fundamentos de la comunicación por satélite de alcance extendido

La comunicación por satélite implica la transmisión de señales a través de satélites en órbita para conectar a usuarios a través de grandes distancias.

Cómo se integran las radios Baoteng con los sistemas satelitales

1. **Conectarse a un dispositivo de puerta de enlace satelital**
   - Utilice un dispositivo externo que vincule su radio Baoteng a una red satelital.

2. **Frecuencias del satélite del programa**
   - ○ Ingrese las frecuencias de enlace ascendente y descendente apropiadas proporcionadas por el servicio satelital.
3. **Transmitir y recibir mensajes**
   - ○ Asegúrese de tener una línea de visión clara hacia el satélite para un rendimiento óptimo.

Cómo superar los desafíos más comunes en las operaciones remotas

1. **Interferencia de señal**
   - ○ Las barreras naturales, como las montañas o la vegetación densa, pueden interrumpir las señales satelitales. Colóquese en espacios abiertos para obtener una mejor conectividad.
2. **Duración de la batería**
   - ○ La comunicación por satélite consume más energía. Lleve baterías de repuesto o un cargador portátil.

3. **Problemas de latencia**

   ○ Es posible que se produzcan ligeros retrasos en la comunicación debido a la distancia que deben recorrer las señales. Utilice mensajes claros y concisos para minimizar los malentendidos.

Parte 4: Aplicaciones prácticas y uso en el campo

Fuente de imagen gratuita: Pexels.com

Capítulo 10: Baoteng en operaciones de radioaficionados

Las radios Baoteng han encontrado un lugar importante en el mundo de las operaciones de radioaficionados. Ya sea que sea un aficionado que busca explorar la comunicación global o alguien que se prepara para emergencias, la radioafición ofrece una experiencia versátil y gratificante. En este capítulo, profundizaremos en los aspectos esenciales del uso de radios Baoteng en operaciones de radioaficionados, desde la obtención de una licencia hasta convertirse en un participante activo en redes locales y globales.

Obtención de la licencia para radioaficionados

Antes de sumergirse en las operaciones de radioaficionados, es esencial comprender que, en la mayoría de los países, para operar en frecuencias de radioaficionados se necesita una licencia. La licencia garantiza que los operadores comprendan los aspectos técnicos y reglamentarios de la comunicación por radio y ayuda a mantener un entorno de comunicación estructurado y sin interferencias.

Por qué es importante obtener una licencia

1. **Cumplimiento legal**

   Operar sin licencia en frecuencias de radioaficionados puede resultar en multas elevadas o la confiscación de equipos. La licencia garantiza que usted está legalmente autorizado para transmitir y comunicarse.

2. **competencia técnica**

   ponen a prueba su comprensión de la teoría de radio, los protocolos de comunicación y las mejores prácticas operativas, lo que garantiza que pueda utilizar su equipo de manera eficaz y solucionar problemas.

3. **Acceso a frecuencias privilegiadas**

   Los operadores con licencia obtienen acceso a una gama más amplia de frecuencias, algunas de las cuales están reservadas para comunicaciones avanzadas o de emergencia.

Pasos para obtener la licencia

1. **Entender los niveles de licencia**

   Los sistemas de licencia suelen tener varios niveles, cada uno de los cuales ofrece diferentes privilegios. Por ejemplo, en los EE. UU., la Comisión Federal de Comunicaciones (FCC) ofrece tres niveles:

   o **Técnico** : Nivel inicial, cubre comunicación local y algo de internacional.

   o **General** : Permite un acceso a frecuencias más amplias, incluidas bandas HF para comunicaciones globales.

   o **Amateur Extra** : proporciona acceso a todas las frecuencias de aficionados y privilegios operativos avanzados.

2. **Estudie para el examen**

   Los exámenes de licencia se centran en la teoría de radio, los procedimientos operativos y las normas. Los recursos para la preparación incluyen:

- **Guías de estudio oficiales** : proporcionadas por organismos reguladores nacionales o asociaciones de radioaficionados.
- **Pruebas de práctica en línea** : los sitios web y las aplicaciones ofrecen exámenes de práctica gratuitos para familiarizarlo con el formato.
- **Clubes de radioaficionados locales** : muchos clubes ofrecen clases y grupos de estudio.

3. **Realice el examen Los** exámenes suelen estar a cargo de examinadores voluntarios afiliados a organizaciones de radioaficionados. Una vez que apruebe el examen, recibirá un indicativo de llamada y estará autorizado para operar en frecuencias de radioaficionados.

Cómo unirse y participar en redes locales y globales

Uno de los aspectos más interesantes de la radioafición es la posibilidad de conectarse con una comunidad diversa de operadores de todo el mundo. Una vez que obtenga la licencia, podrá acceder a una extensa red de entusiastas, expertos y personal de emergencias.

Redes locales

Las redes de radioaficionados locales, a menudo denominadas "redes", ofrecen una excelente manera de que los operadores se mantengan conectados y compartan información. Estas redes suelen operar en frecuencias específicas y se reúnen periódicamente.

1. **Encontrar redes locales**
    o   Consulte directorios o foros en línea para conocer los horarios de red en su área.
    o   Los clubes de radioaficionados locales suelen organizar redes semanales o mensuales.

2. **Participando en Nets**

   ○ Comience escuchando para comprender el flujo y la etiqueta.

   ○ Cuando esté listo, regístrese indicando su indicativo de llamada cuando se lo solicite el controlador de red.

3. **Beneficios de las redes locales**

   ○ **Desarrollo comunitario** : conéctese con operadores locales para compartir conocimientos y recibir apoyo.

   ○ **Desarrollo de habilidades** : practique protocolos de comunicación y aprenda de operadores más experimentados.

   ○ **Preparación para emergencias** : Las redes locales a menudo sirven como columna vertebral de la comunicación durante las emergencias.

Redes globales

Con acceso a las bandas de HF (a través de licencias General o Amateur Extra), los operadores pueden conectarse con personas de todos los continentes. Las redes globales ofrecen una oportunidad única de participar en conversaciones y eventos mundiales.

1. **DXing y concursos**
   - **DXing** : se refiere a hacer contacto con estaciones distantes, a menudo en diferentes países o continentes.
   - **Competición** : implica participar en eventos organizados donde los operadores compiten para realizar tantos contactos como sea posible dentro de un período de tiempo determinado.
2. **Grupos de interés especial**
   - Únase a grupos centrados en aspectos específicos de la radioafición, como los modos digitales, la comunicación por satélite o la operación QRP (baja potencia).

3. **Redes digitales**

   ○ Los modos digitales como FT8 o PSK31 permiten una comunicación eficiente mediante transmisión asistida por computadora, lo que facilita el establecimiento de contactos globales en condiciones de bajo consumo.

Beneficios de participar en la radioafición

Participar en operaciones de radioaficionado ofrece una variedad de beneficios más allá de la emoción de la comunicación:

1. **Desarrollo de habilidades**

   ○ Obtenga experiencia práctica en tecnología de radio, resolución de problemas y técnicas de comunicación avanzadas.

2. **Servicio comunitario**
   - Los operadores de radioaficionados a menudo ayudan durante emergencias, proporcionando una comunicación crítica cuando fallan los sistemas tradicionales.

3. **Conexiones globales**
   - Amplíe su red conectándose con personas con ideas afines en todo el mundo, intercambiando conocimientos y cultura.

4. **Aprendizaje continuo**
   - La comunidad de radioaficionados prospera gracias a la innovación y la experimentación y ofrece infinitas oportunidades de aprendizaje.

Radios Baoteng: la opción preferida de los radioaficionados

Las radios Baoteng se han convertido en las favoritas de los radioaficionados, en particular de los operadores principiantes. A continuación, se explica el motivo:

1. **Asequibilidad**
   - Las radios Baoteng ofrecen una excelente funcionalidad a una fracción del costo de los modelos de gama alta, lo que las hace ideales para principiantes.

2. **Versatilidad**
   - Estas radios cubren un amplio rango de frecuencia y admiten múltiples modos de funcionamiento, incluidos analógicos y digitales.

3. **Facilidad de programación**
   - Con herramientas como el software CHIRP, las radios Baoteng se pueden programar fácilmente para acceder a varias bandas y frecuencias de radioaficionados.

4. **Durabilidad y portabilidad**
   - Ligeras y robustas, las radios Baoteng son perfectas tanto para uso en interiores como para operaciones de campo.

Cómo configurar su equipo de radioaficionado con Baoteng

Para aquellos que utilizan radios Baoteng como su dispositivo de radioaficionado principal, aquí hay algunos consejos para optimizar su configuración:

1. **Actualice su antena**
   - La antena original se puede reemplazar por un modelo de alta ganancia para mejorar el alcance y la claridad de la señal.

2. **Utilice un cable de programación**
   - Un cable de programación USB simplifica el proceso de agregar o modificar configuraciones de frecuencia.

3. **Invierte en accesorios**
   - Los accesorios como micrófonos externos, baterías y cargadores de automóvil mejoran la funcionalidad y la comodidad.

4. **Mantente actualizado**

  ○ Las actualizaciones de firmware de Baoteng pueden mejorar el rendimiento y corregir errores, garantizando que su radio permanezca actualizada.

El uso de radios Baoteng en operaciones de radioaficionados abre la puerta a un mundo dinámico de comunicaciones. Desde la obtención de la licencia hasta la participación en redes globales, el proceso es gratificante y enriquecedor. Con las herramientas, las habilidades y el apoyo de la comunidad adecuados, estará en el camino correcto para dominar el arte de la radioafición.

Capítulo 11: Mejora del rendimiento con antenas personalizadas

Las radios Baoteng son muy apreciadas por su flexibilidad, asequibilidad y facilidad de uso. Sin embargo, para aprovechar todo su potencial, la actualización o personalización de las antenas es un cambio radical. La antena de fábrica incluida con la mayoría de los modelos Baoteng proporciona una funcionalidad básica, pero los usuarios suelen encontrar mejoras significativas en el rendimiento cuando optan por una mejor antena. Este capítulo explora cómo construir e instalar sus propias antenas y analiza varias soluciones listas para usar para mejorar el alcance y la confiabilidad de las comunicaciones.

Cómo construir e instalar tu propia antena

Construir una antena personalizada puede parecer una tarea intimidante, pero es una tarea gratificante y educativa. Una antena bien construida mejora la potencia de la señal, aumenta el alcance y garantiza una comunicación más confiable.

Beneficios de construir una antena personalizada

1. **Mayor alcance y claridad**

   Las antenas personalizadas, adaptadas a bandas de frecuencia específicas, optimizan el rango de transmisión y recepción, reduciendo significativamente el ruido y la interferencia.

2. **Rentabilidad**

   Si bien existen antenas premium disponibles en el mercado, construir una propia proporciona una alternativa rentable sin comprometer el rendimiento.

3. **Adaptabilidad a diferentes entornos**

   Se pueden diseñar antenas personalizadas para adaptarse a diversas condiciones de campo, desde paisajes urbanos hasta terrenos montañosos remotos.

Guía paso a paso para construir una antena VHF/UHF básica

1. **Reúne los materiales necesarios**
   - Cable coaxial (por ejemplo, RG-58 o RG-8)
   - Alambre de cobre o aluminio (para elementos)
   - Conectores (SMA o BNC según el modelo de Baoteng)
   - Cinta aislante, tubos de PVC u otros materiales de soporte.

2. **Diseño y Medidas**

   Determine the desired frequency range. Use the formula Length of Element=300Frequency(MHz)\text{Length of

Element} = \frac{300}{Frequency (MHz)}Length of Element=Frequency(MHz)300 to calculate the length of each element. For example, for a 146 MHz signal:

Length=300146≈2.05 meters\text{Length} = \frac{300}{146} \approx 2.05 \, \text{meters}Length=146300≈2.05meters

3. **Construir la antena**
   - **Cortar los elementos** : garantizar medidas precisas para un rendimiento óptimo.
   - **Ensamblar la Estructura** : Utilizar tubos de PVC para asegurar los elementos.
   - **Conecte el cable coaxial** : suelde el cable a los conectores apropiados, asegurando una conexión firme a su radio.

4. **Pruebas y ajustes**
   Después del montaje, conecta la antena a tu radio Baoteng y pruébala en diferentes lugares. Si es necesario, ajusta la longitud de los elementos para ajustar el rendimiento.

Soluciones de antenas listas para usar en campo para un mejor alcance

Si no es posible construir su propia antena, existen opciones listas para usar y diseñadas para lograr el máximo rendimiento en condiciones exigentes.

Antenas populares listas para usar en el campo

1. **Antenas de látigo de alta ganancia**
   Estas antenas flexibles y duraderas son excelentes para ampliar el alcance en entornos urbanos y rurales.

2. **Antenas Yagi**
   Ideales para la comunicación direccional, las antenas Yagi proporcionan una ganancia y un enfoque superiores, especialmente útiles para comunicaciones de larga distancia o punto a punto.

3. **Antenas enrollables portátiles**
   Ligeras y fáciles de implementar, las antenas

enrollables son perfectas para operaciones de campo y emergencias.

Consejos de instalación para uso en campo

1. **Encuentre ubicaciones elevadas**
   Coloque su antena en tejados, colinas u otros puntos elevados para maximizar la comunicación en línea de visión.

2. **Utilice soportes y montajes adecuados**
   Monte de forma segura su antena utilizando trípodes o soportes para garantizar la estabilidad durante el funcionamiento.

3. **Mantenimiento e inspección regulares**
   Revise periódicamente la configuración de su antena para detectar daños o desgaste, especialmente en condiciones climáticas adversas.

Mejorar su radio Baoteng con una antena personalizada o mejorada puede mejorar significativamente sus capacidades de comunicación. Ya sea que opte por construir su propia antena o invertir en una solución de alta calidad lista para usar, comprender los principios detrás del rendimiento de la antena le garantiza que aprovechará al máximo su radio.

Capítulo 12: Mejorar la conectividad con dispositivos externos

La comunicación moderna depende en gran medida de la integración, y las radios Baoteng no son una excepción. Al conectar estas radios a dispositivos externos, como sistemas GPS, tabletas y altavoces externos, los usuarios pueden mejorar la funcionalidad y la eficiencia operativa. En este capítulo, se analiza cómo mejorar la conectividad aprovechando los periféricos y accesorios para transformar su radio Baoteng en un centro de comunicación versátil.

Cómo conectar radios Baoteng a GPS, tabletas y otros periféricos

Las radios Baoteng, particularmente modelos como el UV-5R y BF-F8HP, se pueden integrar con varios dispositivos externos, ampliando sus casos de uso más allá de la comunicación básica.

¿Por qué conectar dispositivos externos?

1. **Eficiencia operativa mejorada**
   La vinculación de radios a dispositivos GPS o tabletas permite un seguimiento en tiempo real, un intercambio de datos fluido y una comunicación optimizada.

2. **Conciencia situacional mejorada**
   La integración del GPS proporciona datos de ubicación críticos, que son vitales en situaciones de emergencia o tácticas.

3. **Registro e informes de datos**
   Con tabletas o computadoras portátiles, los usuarios pueden registrar comunicaciones, rastrear incidentes y generar informes detallados para su análisis.

Configuración de la integración del GPS

1. **Selección de un dispositivo GPS compatible**
   Elija una unidad GPS con funcionalidad de salida de datos, como los dispositivos portátiles Garmin.

2. **Conexión del GPS a su Baoteng**
   Utilice un cable adaptador de GPS compatible con su modelo de radio. Algunos dispositivos GPS envían datos a través de cables seriales, lo que requiere un convertidor específico.

3. **Configuración del sistema**
   Una vez conectado, configure los parámetros del GPS para transmitir los datos de ubicación a través de la frecuencia de la radio. Esta configuración permite compartir la ubicación en tiempo real dentro de su red de comunicación.

Uso de tabletas y computadoras portátiles para comunicarse

Las tabletas y los portátiles pueden ser herramientas potentes cuando se combinan con las radios Baoteng. A continuación, le indicamos cómo integrarlos de manera eficaz:

1. **Instalar software de comunicación**
   Programas como FLdigi o APRS pueden facilitar la comunicación basada en texto, la decodificación de señales y el intercambio de ubicación.
2. **Vincular los dispositivos**
   Utilice un cable de datos USB o una interfaz de audio para conectar su radio a la computadora o tableta.
3. **Beneficios operativos**
   Esta configuración permite funcionalidades avanzadas como operación en modo digital, cifrado de mensajes mejorado e informes automatizados.

Uso de altavoces externos y Bluetooth para una funcionalidad mejorada

Los dispositivos de audio externos pueden mejorar drásticamente la experiencia del usuario, especialmente en entornos ruidosos o cuando es necesario utilizar manos libres.

Conexión de altavoces externos

1. **Elija el altavoz adecuado**
   Seleccione altavoces resistentes y de alta calidad que sean compatibles con su modelo de radio.

2. **Proceso de configuración**
   Conecte el altavoz al conector de audio de la radio. Algunos modelos pueden requerir un adaptador para un ajuste y una funcionalidad óptimos.

3. **Beneficios**
   Los altavoces externos ofrecen un audio más alto y claro, lo que garantiza que los mensajes críticos se escuchen en condiciones difíciles.

Integración Bluetooth

La tecnología Bluetooth proporciona la comodidad de la comunicación inalámbrica, una característica cada vez más demandada.

1. **Adaptadores Bluetooth para radios Baoteng**
   Compre un adaptador Bluetooth que se adapte a la interfaz de su radio Baoteng.
2. **Emparejamiento con dispositivos Bluetooth**
   Una vez conectado, empareje el adaptador con auriculares o altavoces Bluetooth.
3. **Aplicaciones**
   - **Comunicación manos libres** : ideal para operaciones de campo donde la movilidad es crucial.
   - **Reproducción de audio inalámbrica** : transmita comunicaciones directamente a los auriculares para una escucha discreta.

La integración de las radios Baoteng con dispositivos externos mejora su funcionalidad, lo que las convierte en herramientas indispensables en diversos escenarios.

Desde el rastreo por GPS hasta la comunicación con manos libres, estas incorporaciones brindan a los usuarios la flexibilidad y la eficiencia necesarias en las operaciones modernas.

Parte 5: Comunicación táctica y de supervivencia

Fuente de imagen gratuita: Pexels.com

Capítulo 13: Comunicación estratégica en las operaciones guerrilleras

las operaciones de guerrilla, donde mantener el sigilo, la coordinación y la seguridad son fundamentales. En estos entornos de alto riesgo, las radios Baoteng ofrecen una solución confiable, adaptable y asequible. Sin embargo, no basta con tener una radio; comprender cómo usarla estratégicamente garantiza el éxito operativo y minimiza los riesgos.

Cómo mantener canales de comunicación encubiertos

La esencia de las operaciones de guerrilla es la sorpresa, la adaptabilidad y la capacidad de eludir a los enemigos. Para lograr estos objetivos, es fundamental mantener canales de comunicación encubiertos.

1. Elegir las frecuencias adecuadas

- **Comprensión del espectro** : los equipos de guerrilla suelen operar en entornos con mucho tráfico de radio. El uso de frecuencias poco comunes, como las que se encuentran en los límites del espectro de radio, reduce las posibilidades de interceptación.
- **Salto de frecuencia** : este método implica cambiar de frecuencia con frecuencia durante la comunicación para evitar ser detectado. Algunas radios Baoteng admiten saltos de frecuencia semimanuales, en los que los operadores acuerdan una secuencia de antemano.

2. Uso de configuraciones de bajo consumo

- **Minimizar la detección de señales** : reducir la potencia de transmisión disminuye el alcance, pero dificulta que los adversarios detecten o triangulen la señal.
- **Consideración operativa** : utilice configuraciones de bajo consumo en áreas

urbanas densas o zonas muy monitoreadas para evitar levantar sospechas.

3. Tiempo y duración de las transmisiones

- **Breves ráfagas de comunicación** : las transmisiones prolongadas aumentan el riesgo de interceptación. Mantenga los mensajes concisos y directos.
- **Ventanas de comunicación planificadas previamente** : los equipos pueden acordar horarios específicos para la comunicación para limitar la presencia de la radio en el aire.

Uso táctico de radios en situaciones de alto riesgo

En la guerra de guerrillas, las radios son la herramienta fundamental para la coordinación. El uso táctico de las radios Baoteng mejora la capacidad de ejecutar operaciones complejas en condiciones difíciles.

1. Coordinación de movimientos del equipo

- **Coordinación silenciosa** : utilizar códigos o señales preestablecidos para coordinar movimientos sin necesidad de comunicación verbal.
- **Actualizaciones en tiempo real** : las radios permiten actualizaciones rápidas sobre las posiciones enemigas, lo que garantiza que el equipo pueda adaptarse sobre la marcha.

2. Gestión de emboscadas y redadas

- **Alertas instantáneas** : las alertas de radio rápidas garantizan que todo el equipo esté informado sobre amenazas inminentes o cambios repentinos en el plan.
- **Coordinación posterior a una emboscada** : las radios ayudan a coordinar los esfuerzos de reagrupamiento y brindan actualizaciones inmediatas sobre las víctimas o las necesidades de recursos.

3. Establecer jerarquías de comunicación

- **Roles de comunicación delegados** : asignar miembros específicos del equipo para manejar la comunicación evita el caos durante operaciones críticas.
- **Planes de comunicación de respaldo** : tenga siempre un plan secundario o terciario de comunicación en caso de que fallen los métodos primarios.

Ejemplo del mundo real: comunicación guerrillera histórica

A lo largo de la historia, las fuerzas guerrilleras como el Viet Cong y los movimientos de resistencia durante la Segunda Guerra Mundial han aprovechado la comunicación encubierta. Mientras que los métodos anteriores dependían de mensajeros y mensajes codificados, las fuerzas guerrilleras modernas se benefician de radios portátiles como los modelos Baoteng. Estas radios ofrecen una importante ventaja táctica cuando se utilizan con prudencia.

En las operaciones de guerrilla, donde la supervivencia depende a menudo de la capacidad de maniobrar y ser más astuto que el enemigo, las radios Baoteng proporcionan una herramienta inestimable para una comunicación segura, eficiente y encubierta. El uso adecuado de estos dispositivos los transforma de simples herramientas de comunicación en activos estratégicos.

Capítulo 14: Garantizar comunicaciones seguras

En situaciones tácticas y de supervivencia, la seguridad de las comunicaciones es crucial. La capacidad de cifrar los mensajes y evitar las escuchas clandestinas puede ser la diferencia entre el éxito y el fracaso. En este capítulo se analizan métodos simples y avanzados para garantizar que las radios Baoteng sigan siendo un canal de comunicación seguro.

Métodos simples y avanzados para cifrar mensajes

El cifrado agrega una capa de seguridad, garantizando que incluso si las transmisiones son interceptadas, seguirán siendo ininteligibles para el adversario.

1. Métodos sencillos de cifrado

- **Códigos preestablecidos** : antes de una operación, los equipos pueden establecer un sistema de códigos o frases que reemplacen información confidencial. Por ejemplo, "Paquete A" podría referirse a un envío de suministros.
- **Ofuscación de frecuencia** : cambiar frecuencias o utilizar bandas menos comúnmente monitoreadas agrega un nivel básico de seguridad.

2. Métodos avanzados de cifrado

Las radios Baoteng no son compatibles de forma nativa con el cifrado avanzado. Sin embargo, se pueden emplear varias técnicas:

- **Dispositivos de cifrado de terceros** : se pueden conectar módulos de cifrado pequeños y portátiles a la radio para cifrar las transmisiones.
- **Software de cifrado digital** : cuando las radios se combinan con tabletas o computadoras portátiles, las soluciones de software pueden cifrar los datos antes de transmitirlos.

Cómo evitar escuchas clandestinas en situaciones tácticas

Las comunicaciones interceptadas pueden comprometer toda una operación. Para minimizar este riesgo, se deben emplear tácticas específicas:

1. Uso de las funciones del codificador

Algunos modelos de Baoteng vienen con una función de codificación de voz incorporada. Si bien no es un cifrado real, puede dificultar la comprensión de las transmisiones de voz sin la configuración correcta.

2. Monitoreo de interferencias

Monitoree periódicamente los canales para detectar interferencias inusuales, que podrían indicar intentos de escuchas o interferencias.

3. Frecuencias rotativas

Los cambios frecuentes de frecuencia reducen el riesgo de interceptación prolongada. Desarrolle un patrón o secuencia para cambiar de frecuencia que solo conozca el equipo.

Violaciones de seguridad en la vida real y lecciones aprendidas

Históricamente, las comunicaciones no seguras han tenido consecuencias devastadoras. Durante la Segunda Guerra Mundial, varias operaciones militares fracasaron debido a comunicaciones interceptadas. Los equipos tácticos y de guerrilla modernos aprenden de estas lecciones empleando protocolos rigurosos de seguridad en las comunicaciones.

La protección de las comunicaciones garantiza la integridad y el éxito de las operaciones tácticas. Al aprovechar métodos tanto simples como avanzados, las radios Baoteng se pueden transformar en herramientas de alta seguridad que protegen la información crítica de los adversarios.

Capítulo 15: Mantener la comunicación en diferentes entornos

Los desafíos de comunicación varían ampliamente según el entorno, ya sea urbano, rural o remoto. Comprender estos desafíos y cómo superarlos es esencial para realizar operaciones de campo eficaces.

Estrategias para operaciones urbanas, rurales y remotas

Cada entorno presenta obstáculos únicos para la comunicación, lo que requiere estrategias personalizadas.

1. Entornos urbanos

Las áreas urbanas se caracterizan por una alta densidad de población, numerosos edificios y una importante interferencia electrónica.

- **Desafíos** :
    - ○ Obstrucción de la señal debido a edificios
    - ○ Aumento del tráfico de radio que provoca interferencias
- **Soluciones** :
    - ○ Utilice frecuencias más altas para minimizar la interferencia del edificio.
    - ○ Implemente repetidores estratégicamente para ampliar el alcance.
    - ○ Opte por configuraciones de bajo consumo en zonas densamente pobladas para reducir la detección.

2. Entornos rurales

Las zonas rurales ofrecen menos obstáculos pero pueden plantear desafíos debido a la escasa población y la infraestructura limitada.

- **Desafíos** :
    - ○ Acceso limitado a repetidores
    - ○ Distancias más largas entre operadores
- **Soluciones** :

- Utilice antenas de alta ganancia para ampliar el rango de comunicación.
- Opte por frecuencias más bajas, que viajan más lejos en espacios abiertos.

3. Regiones remotas y montañosas

Las áreas remotas, especialmente aquellas con terrenos accidentados, se encuentran entre las más difíciles para mantener una comunicación confiable.

- **Desafíos** :
  - Señales de bloqueo del terreno
  - Condiciones climáticas adversas que afectan al equipo
- **Soluciones** :
  - Implementar antenas direccionales como Yagi para comunicaciones con línea de visión.
  - Utilizar la comunicación por satélite para las zonas más inaccesibles.
  - Establecer puntos de relevo planificados previamente donde los miembros del

equipo puedan actuar como centros de comunicación.

Cómo superar los desafíos relacionados con el terreno

Hay dos métodos principales para superar los desafíos relacionados con el terreno:

1. Cómo aprovechar la topografía a su favor

En las regiones montañosas, la altura puede ser tanto un desafío como una ventaja. Instale estaciones de comunicación en los puntos más altos disponibles para maximizar la cobertura de la línea de visión.

2. Estaciones de retransmisión móviles

Implementar estaciones de retransmisión móviles utilizando vehículos o drones para mantener la comunicación entre equipos dispersos en terrenos accidentados.

Las radios Baoteng son herramientas versátiles capaces de adaptarse a una amplia gama de entornos. Con las estrategias y el equipamiento adecuados, los equipos pueden mantener una comunicación eficaz, independientemente del terreno o de los desafíos ambientales.

Capítulo 16: Supervivencia urbana y preparación ante desastres

En una época en la que los entornos urbanos se enfrentan a riesgos cada vez mayores de desastres naturales y fallos de infraestructura, mantener una comunicación fiable se convierte en una prioridad absoluta. Las radios Baoteng se destacan como herramientas indispensables en tales situaciones, ya que permiten que las personas y las comunidades se mantengan conectadas cuando fallan los sistemas convencionales. En este capítulo se analiza cómo utilizar las radios Baoteng para la supervivencia y la preparación en entornos urbanos.

Mantenerse conectado durante los desastres naturales

Los desastres naturales como terremotos, huracanes e inundaciones pueden interrumpir gravemente las redes de comunicación. En estas situaciones, tener una radio Baoteng lista puede marcar la diferencia entre seguridad y vulnerabilidad.

1. El papel de las radios en situaciones de desastre

Cuando ocurre un desastre, los sistemas de comunicación tradicionales (torres de telefonía celular, servicios de Internet y líneas telefónicas fijas) suelen ser los primeros en fallar. Las radios Baoteng ofrecen una alternativa sólida:

- **Funcionalidad independiente** : a diferencia de los teléfonos celulares, las radios no dependen de la infraestructura, lo que las hace confiables incluso durante cortes generalizados.
- **Comunicación en tiempo real** : las radios permiten la comunicación instantánea sin los retrasos que suelen asociarse con las redes sobrecargadas.

2. Establecimiento de canales de comunicación de emergencia

En zonas propensas a desastres, es fundamental establecer previamente canales de comunicación:

- **Precarga de frecuencias de emergencia** : las radios Baoteng se pueden programar con canales de emergencia locales, como servicios de bomberos y rescate, actualizaciones meteorológicas y equipos de respuesta comunitaria.
- **Redes vecinales** : coordinar con los vecinos para establecer una red de radio comunitaria para obtener actualizaciones y asistencia en tiempo real.

3. Establecer una rutina de comunicación

Los simulacros de comunicación regulares pueden ayudar a garantizar la preparación:

- **Sesiones de práctica** : Pruebe periódicamente las radios para familiarizarse con su funcionamiento y asegurarse de que todos los canales programados funcionen.
- **Horarios de comunicación** : durante desastres prolongados, establezca horarios de registro regulares para conservar la vida útil de la batería y garantizar las actualizaciones.

Cómo garantizar la comunicación en medio de fallas de infraestructura

Los entornos urbanos son particularmente susceptibles a fallas de infraestructura, que pueden resultar de desastres naturales o eventos inducidos por el hombre, como ciberataques o fallas en la red eléctrica.

1. Cortes de energía y comunicación

Un corte de energía puede paralizar los sistemas de comunicación modernos. Sin embargo, las radios Baoteng ofrecen resistencia:

- **Funcionamiento con batería** : asegúrese de tener baterías de repuesto o unidades recargables con un cargador solar.
- **Modos de bajo consumo** : prolongue la vida útil de la batería utilizando configuraciones de transmisión de bajo consumo.

2. Colapso del edificio u obstrucción por escombros

En escenarios como terremotos, donde los edificios pueden colapsar:

- **Penetración de señal** : utilice radios con mayor potencia de salida o antenas más largas para penetrar los escombros.
- **Puntos de relevo** : establecer estaciones de relevo temporales para facilitar la comunicación entre las personas atrapadas y los rescatistas.

Estudio de caso: el huracán Katrina

Durante el huracán Katrina, las fallas en las comunicaciones obstaculizaron las operaciones de rescate y retrasaron el intercambio de información crítica. Muchos sobrevivientes informaron que las radios portátiles eran su único medio para mantenerse informados y coordinarse con los equipos de rescate. Esto resalta la importancia de la preparación y el papel fundamental que desempeñan las radios durante los desastres urbanos.

Las radios Baoteng son herramientas esenciales para la supervivencia urbana y la preparación ante desastres. Su independencia de la infraestructura tradicional, su facilidad de uso y su adaptabilidad las hacen invaluables para garantizar una comunicación continua durante las emergencias. Al prepararse con anticipación, las personas y las comunidades pueden mitigar los riesgos asociados con las fallas de comunicación, mejorando su resiliencia frente a los desastres.

Capítulo 17: Operando en zonas de crisis

Las zonas de crisis, ya sea por conflictos, desastres naturales o emergencias humanitarias, presentan desafíos únicos que exigen protocolos de comunicación eficaces. Las radios Baoteng, con sus características versátiles, son especialmente adecuadas para las tareas de rescate y socorro, ya que garantizan que la información vital se transmita de forma rápida y segura.

Protocolos de comunicación para labores de rescate y socorro

En zonas de crisis, la comunicación es crucial para coordinar las operaciones de rescate, distribuir recursos y garantizar la seguridad tanto de las víctimas como de los respondedores.

1. Establecimiento de un centro de mando y control

Un centro de comunicación centralizado es esencial para gestionar situaciones de crisis:

- **Canales dedicados para la coordinación** : asignar frecuencias específicas para diferentes equipos (por ejemplo, búsqueda y rescate, médicos, logística) para evitar la superposición de comunicaciones.
- **Informes en tiempo real** : asegúrese de que los equipos informen periódicamente al centro de comando con actualizaciones sobre el progreso y los desafíos.

2. Mejores prácticas de comunicación en el campo

Los equipos de rescate que operan sobre el terreno deben cumplir estrictos protocolos de comunicación para mantener el orden y la eficiencia:

- **Mensajes claros y concisos** : evite las transmisiones largas y poco claras. Utilice códigos o frases estandarizados para situaciones comunes.
- **Horarios de registro** : Implementar registros regulares para confirmar la seguridad y el progreso del equipo.

3. Integración con otros servicios de emergencia

Las radios Baoteng pueden integrarse perfectamente con otros sistemas de comunicación de emergencia:

- **Interoperabilidad con servicios públicos** : muchos modelos de Baoteng pueden programarse para acceder a frecuencias de emergencia locales, lo que permite la coordinación con la policía, los bomberos y los equipos médicos.
- **Comunicación transfronteriza** : en los esfuerzos de socorro internacional, asegúrese de que las radios sean compatibles con las frecuencias utilizadas por otras organizaciones humanitarias.

Adaptación de estrategias para situaciones extremas

Las zonas de crisis son dinámicas y sus condiciones pueden cambiar rápidamente. La flexibilidad y la adaptabilidad de las estrategias de comunicación son fundamentales para afrontar estos desafíos.

1. Operar en zonas de alto riesgo

Las áreas de alto riesgo, como zonas de conflicto activo o regiones con clima volátil, requieren tácticas de comunicación especializadas:

- **Protocolos de comunicación silenciosa** : en zonas de conflicto, utilice la activación por voz (VOX) con moderación y priorice las señales silenciosas o los mensajes codificados para evitar ser detectado.

- **Puestos de mando móviles** : establecer centros de comunicación temporales que puedan reubicarse a medida que evoluciona la situación.

2. Gestión de recursos limitados

Las zonas de crisis a menudo enfrentan limitaciones de recursos, incluidos energía, equipos y personal:

- **Conservación de energía** : utilice cargadores solares o generadores de manivela para mantener la energía de las radios.
- **Uso eficiente del equipo** : rote el uso de la radio entre los miembros del equipo para garantizar una comunicación continua sin sobrecargar los dispositivos individuales.

Estudio de caso: Terremoto de Haití de 2010

Durante el terremoto de Haití de 2010, los sistemas de comunicación tradicionales quedaron destruidos, lo que dejó a los equipos de rescate y a los supervivientes sin medios fiables de coordinación. Los equipos de respuesta a emergencias dependían en gran medida de radios portátiles, incluidos los modelos Baoteng, para comunicarse entre los escombros. Este ejemplo del mundo real subraya el papel fundamental de las radios portátiles en zonas de crisis.

Operar en zonas de crisis requiere una planificación meticulosa, estrategias adaptables y herramientas de comunicación sólidas. Las radios Baoteng ofrecen un salvavidas que permite a los equipos de rescate coordinar esfuerzos, distribuir recursos y salvar vidas. Al adherirse a los protocolos establecidos y permanecer flexibles ante condiciones cambiantes, los equipos de respuesta pueden maximizar su impacto y garantizar el éxito operativo.

Parte 6: Dominar las técnicas avanzadas

Capítulo 18: Programación personalizada para necesidades específicas

A medida que avance en su dominio de las radios Baoteng, descubrirá que una comunicación eficaz a menudo requiere ajustar el dispositivo para satisfacer necesidades operativas específicas. La programación personalizada permite a los usuarios personalizar sus radios para lograr una mayor eficiencia, adaptabilidad y efectividad en diversos escenarios. Este capítulo se adentra en técnicas de personalización avanzadas, centrándose en la configuración de canales, el uso de etiquetas alfa y otras funciones potentes.

Personalización avanzada de canales y funciones

La personalización de su radio Baoteng va más allá de la simple introducción de frecuencias. La programación avanzada permite a los usuarios optimizar sus dispositivos para tareas y entornos específicos.

1. Comprensión de la programación avanzada de canales

Los canales son la columna vertebral de la comunicación por radio y permiten a los usuarios acceder a distintas frecuencias con facilidad. La personalización avanzada incluye:

- **Canales prioritarios** : asigne frecuencias críticas como canales prioritarios para un acceso rápido durante emergencias o situaciones de alto tráfico.
- **Grupos de canales personalizados** : organice los canales en grupos específicos según su propósito, como servicios de emergencia, comunicaciones personales u operaciones tácticas.
- **Bloqueo de canal** : evita transmisiones accidentales o interferencias bloqueando los canales no utilizados.

2. Agregar rangos de frecuencia personalizados

Ciertas operaciones requieren el uso de frecuencias no estándar:

- **Ampliación de la cobertura de frecuencia** : desbloquee rangos de frecuencia extendidos en su radio Baoteng para acceder a bandas de comunicación especializadas.
- **Incorporación de frecuencias de banda cruzada** : permite la comunicación a través de diferentes bandas (por ejemplo, UHF y VHF) para una mayor versatilidad.

Uso de etiquetas alfa y otros identificadores para lograr eficiencia

En situaciones de alta presión, identificar rápidamente el canal correcto puede ser una salvación. Las etiquetas alfa y otros identificadores agilizan este proceso al proporcionar etiquetas intuitivas para las frecuencias.

1. ¿Qué son las etiquetas alfa?

Las etiquetas alfa son etiquetas personalizables que se asignan a los canales. En lugar de recordar números de frecuencia específicos, puede asignar nombres descriptivos como "Cuerpo de bomberos", "Equipo Alfa" o "Alerta meteorológica".

- **Beneficios de las etiquetas alfa** :
  - Simplifique la navegación por el canal.
  - Reducir el error humano durante las emergencias.
  - Mejorar la claridad operativa en entornos grupales.

2. Configuración de etiquetas alfa

La mayoría de las radios Baoteng permiten la programación de etiquetas alfa a través de la interfaz del dispositivo o software como CHIRP:

- **Entrada manual** : acceda al menú de la radio y asigne etiquetas a canales individuales.

- **Entrada de software** : utilice CHIRP o programas similares para ingresar y administrar etiquetas de manera más eficiente.

Maximizar la utilización de funciones

Más allá de los canales y las etiquetas, los usuarios avanzados pueden aprovechar funciones adicionales para mejorar el rendimiento:

- **Alertas personalizadas** : configure alertas visuales o de audio únicas para canales o condiciones específicos.
- **Escaneo selectivo** : programe la radio para escanear solo grupos específicos de frecuencias, lo que reduce el desorden y mejora el enfoque.
- **Botones programables** : asigne funciones de uso frecuente, como cambiar los niveles de potencia o activar tonos de privacidad, a los botones programables para un acceso rápido.

Aplicación en la vida real: operaciones de búsqueda y rescate

En las misiones de búsqueda y rescate, una programación personalizada puede ser la diferencia entre el éxito y el fracaso. Al preconfigurar las radios con canales con etiquetas alfa para diferentes equipos (por ejemplo, médicos, logísticos y de búsqueda), los equipos de respuesta pueden coordinar esfuerzos sin problemas en entornos dinámicos.

La programación personalizada transforma su radio Baoteng en una herramienta de comunicación altamente especializada. Al dominar las técnicas de personalización avanzadas, puede asegurarse de que su dispositivo cumpla con las demandas únicas de cualquier misión o entorno. Ya sea que esté organizando una red comunitaria o administrando una operación táctica, una programación eficaz mejora tanto la eficiencia como la confiabilidad.

Capítulo 19: Implementación de cifrado de alto nivel

En un mundo cada vez más digital e interconectado, la seguridad de las comunicaciones es de suma importancia. Las radios Baoteng, si bien son conocidas principalmente por su versatilidad, se pueden mejorar con técnicas de cifrado de alto nivel para proteger la información confidencial. Este capítulo profundiza en los fundamentos del cifrado, centrándose en métodos avanzados como el cifrado de libreta de un solo uso (OTP) y sus aplicaciones tácticas.

Introducción a las técnicas avanzadas de cifrado

El cifrado es el proceso de convertir la información en un formato codificado, al que sólo pueden acceder quienes tengan la clave de descifrado correcta. Para los usuarios de radio, el cifrado garantiza que las comunicaciones sigan siendo confidenciales y resistentes a la interceptación.

1. Por qué es importante el cifrado en las comunicaciones por radio

Las señales de radio, por su naturaleza, pueden ser interceptadas por cualquier persona que cuente con el equipo adecuado, lo que presenta riesgos, en particular en:

- **Operaciones tácticas** : evitar que los adversarios obtengan información crítica.
- **Entornos corporativos** : Proteja las discusiones comerciales confidenciales.
- **Respuesta de emergencia** : salvaguardar los esfuerzos de coordinación contra interferencias.

2. Cifrado básico y avanzado

Si bien los métodos de cifrado básicos pueden impedir las escuchas ocasionales, las técnicas avanzadas proporcionan una seguridad sólida:

- **Cifrado básico** : a menudo integrados en la radio, estos métodos son simples pero vulnerables a ataques sofisticados.
- **Cifrado avanzado** : incorpora algoritmos complejos o dispositivos externos para crear códigos prácticamente irrompibles.

Encriptación de libreta de un solo uso para uso táctico seguro

El cifrado de un solo uso (OTP) es uno de los métodos de comunicación más seguros. Utiliza una clave aleatoria (o pad) tan larga como el mensaje y se utiliza una sola vez.

1. Cómo funciona OTP

- **Generación de clave** : crea una clave aleatoria que coincida con la longitud de tu mensaje.

- **Cifrado** : combina la clave con el mensaje utilizando aritmética modular.
- **Descifrado** : El destinatario utiliza la misma clave para descodificar el mensaje.

2. Beneficios del cifrado OTP

- **Seguridad inquebrantable** : cuando se utiliza correctamente, el cifrado OTP es matemáticamente inquebrantable.
- **Sin reconocimiento de patrones** : a diferencia de otros métodos, OTP no deja ningún patrón discernible que los atacantes puedan explotar.

3. Aplicación práctica de OTP en la comunicación por radio

Si bien OTP consume muchos recursos, es ideal para situaciones de alto riesgo:

- **Equipos tácticos** : utilice OTP para transmitir detalles críticos de la misión.

- **Misiones humanitarias** : proteger datos confidenciales en regiones volátiles.
- **Prevención del espionaje corporativo** : proteja las comunicaciones ejecutivas de alto nivel.

Implementación de cifrado en radios Baoteng

Si bien las radios Baoteng no admiten de forma inherente el cifrado de alto nivel, los usuarios pueden incorporar dispositivos externos o métodos de cifrado manual:

- **Módulos de cifrado externo** : conecte dispositivos de cifrado especializados a su radio para una comunicación segura en tiempo real.
- **Intercambio de claves manual** : comparta claves de cifrado de forma segura por adelantado para el descifrado manual.

Cómo evitar escuchas clandestinas en situaciones tácticas

El cifrado es solo una parte de la seguridad de la comunicación. Para minimizar aún más los riesgos:

- **Salto de frecuencia** : cambia periódicamente las frecuencias para evitar la interceptación a largo plazo.
- **Conciencia de interferencias de señal** : esté preparado para cambiar canales o utilizar métodos de comunicación alternativos si se detecta interferencias.

Caso práctico: Operaciones militares

En las operaciones militares modernas, la comunicación segura es fundamental. A menudo se emplean métodos de cifrado avanzados, incluido el OTP, para garantizar el secreto operativo. Al integrar técnicas similares, los usuarios de radio Baoteng pueden lograr un alto nivel de seguridad en sus propias comunicaciones.

La implementación de un cifrado de alto nivel en las radios Baoteng eleva su utilidad y las convierte en herramientas para una comunicación segura y confidencial. Al comprender y aplicar técnicas avanzadas como OTP, los usuarios pueden proteger sus transmisiones incluso contra los adversarios más decididos.

Capítulo 20: Desarrollos futuros en la comunicación por radio

El campo de las comunicaciones por radio está en constante evolución, con nuevas tecnologías e innovaciones que mejoran tanto la funcionalidad como la experiencia del usuario. En este capítulo final, exploraremos las tendencias emergentes, su impacto potencial y cómo los usuarios de Baoteng pueden mantenerse a la vanguardia.

Tendencias emergentes en radios portátiles

Varios avances están dando forma al futuro de las radios portátiles, ampliando los límites de lo que estos dispositivos pueden lograr.

1. Integración con redes digitales

Los dispositivos híbridos que combinan la radio tradicional con la tecnología digital son cada vez más populares:

- **Radio móvil digital (DMR)** : ofrece audio más claro, mejor alcance y capacidades de datos integradas.
- **Radios conectadas a Internet** : permiten la comunicación global a través de Wi-Fi o datos móviles.

2. Utilización mejorada de la frecuencia

Los nuevos avances apuntan a maximizar la eficiencia de la frecuencia:

- **Asignación dinámica de espectro** : desplaza automáticamente a los usuarios a frecuencias menos congestionadas.

- **Tecnología de radio cognitiva** : radios que se adaptan en tiempo real a su entorno para un rendimiento óptimo.

3. Miniaturización y radios portátiles

Las radios futuras pueden priorizar la portabilidad y la comodidad del usuario:

- **Radios portátiles** : dispositivos integrados en la ropa o accesorios para su funcionamiento con manos libres.
- **Nanotecnología** : Componentes más pequeños que permiten diseños más ligeros y compactos.

Cómo mantenerse actualizado con los avances tecnológicos

Mantenerse informado es clave para aprovechar las últimas innovaciones en tecnología de radio.

1. Interactuar con la comunidad

Únase a foros, grupos en línea y clubes locales para mantenerse conectado con otros entusiastas:

- **Comunidades en línea** : Plataformas como Reddit o foros de radio especializados.
- **Redes de radioaficionados** : participe regularmente en eventos de radioaficionados.

2. Capacitación y certificaciones periódicas

A medida que evoluciona la tecnología, también lo hacen las habilidades necesarias para utilizarla eficazmente:

- **Programas de formación avanzada** : Inscríbete en cursos que se centren en las nuevas tecnologías de radio.
- **Certificaciones** : Obtenga credenciales que verifiquen su experiencia en áreas específicas.

3. Seguimiento de la evolución del sector

Siga a los actores clave y líderes de la industria:

- **Actualizaciones del fabricante** : compruebe periódicamente si hay actualizaciones de firmware o lanzamientos de nuevos productos.
- **Conferencias tecnológicas** : asista a eventos que muestren los últimos avances en tecnología de comunicación.

Perspectivas de futuro: IA y aprendizaje automático

La Inteligencia Artificial (IA) está preparada para revolucionar la comunicación por radio:

- **Gestión automatizada de frecuencia** : los sistemas de IA podrían optimizar el uso del canal sin intervención humana.
- **Mantenimiento predictivo** : las radios equipadas con IA podrían diagnosticar y predecir problemas de hardware antes de que ocurran.

El futuro de la comunicación por radio es prometedor y ofrece oportunidades interesantes de innovación y crecimiento. Si se mantienen informados y se adaptan, los usuarios de Baoteng pueden seguir aprovechando todo el potencial de sus dispositivos y asegurarse de permanecer a la vanguardia de los avances tecnológicos.

Conclusión

Generando confianza en la comunicación por radio

Dominar la comunicación por radio es un proceso transformador. Desde los conceptos básicos para configurar una radio Baoteng hasta el aprovechamiento de funciones avanzadas como el cifrado y las operaciones tácticas, esta guía ha cubierto todos los aspectos necesarios para una comunicación eficaz en diversos escenarios.

La confianza en la comunicación por radio se adquiere con la práctica, la experimentación y el compromiso de aprender continuamente. Como ha visto a lo largo de este libro, una radio Baoteng es más que un simple dispositivo: es una herramienta poderosa que puede mejorar la seguridad personal, la eficiencia operativa e incluso la conectividad global.

Puntos clave

- **Dominar los conceptos básicos** : es fundamental comprender conceptos fundamentales como las bandas de frecuencia, la etiqueta de radio adecuada y las configuraciones esenciales. Estos conceptos básicos forman la base sobre la que se construyen técnicas más avanzadas.

- **Aprovechamiento de funciones avanzadas** : funciones como VOX, etiquetas alfa y programación de canales personalizada transforman la radio de un simple comunicador en una herramienta versátil y eficiente adaptada a sus necesidades.

- **Priorizar la seguridad** : en un mundo donde la información es poder, garantizar una comunicación segura a través del cifrado y el uso de frecuencias estratégicas es primordial, especialmente en escenarios tácticos o sensibles.

- **Adaptabilidad en todos los entornos** : ya sea que se encuentre en un centro urbano, una comunidad rural o una zona remota, las radios

Baoteng ofrecen la flexibilidad y confiabilidad necesarias para mantener una comunicación clara.

El camino de principiante a experto: ¿qué sigue?

Este libro marca el comienzo de su viaje en la comunicación por radio. A medida que avance, tenga en cuenta los siguientes pasos para seguir perfeccionando sus habilidades:

1. Interactúe con la comunidad

La comunidad de radioaficionados es amplia y acogedora. Únase a clubes de radioaficionados locales, participe en foros en línea e interactúe con otros entusiastas. Compartir experiencias y aprender de los demás acelerará su crecimiento.

2. Obtenga certificaciones avanzadas

Considere obtener licencias o certificaciones de nivel superior, especialmente si desea explorar bandas más reguladas y técnicas operativas avanzadas. Las certificaciones como las licencias General o Amateur Extra abren oportunidades y rangos de frecuencia más amplios.

3. Adoptar el aprendizaje permanente

La tecnología y las mejores prácticas en comunicación por radio evolucionan constantemente. Manténgase informado sobre los nuevos desarrollos, asista a talleres y mantenga su equipo actualizado. Explore temas avanzados como modos digitales, comunicación satelital y tecnologías de cifrado emergentes.

4. Amplía tu arsenal de equipamiento

A medida que aumentan sus necesidades y su experiencia, también puede hacerlo su colección de equipos. Desde antenas avanzadas y amplificadores de señal hasta la integración de su radio con GPS y otros periféricos, siempre hay lugar para mejorar su configuración.

5. Practica situaciones de la vida real

La confianza surge de la experiencia. Pon a prueba tus habilidades con regularidad en situaciones de la vida real, como participar en eventos de servicio público, simulacros de preparación para emergencias o incluso en competencias amistosas como la "cacería del zorro" en la comunidad de radioaficionados.

Palabras finales

Su viaje desde principiante hasta experto en comunicación por radio es un proceso de crecimiento continuo, adaptabilidad y servicio. Ya sea que utilice su radio Baoteng para su seguridad personal, para operaciones profesionales o como aficionado, recuerde que la comunicación es un recurso vital. Los conocimientos y las habilidades que ha adquirido con este libro no son solo herramientas, son una inversión en su capacidad de mantenerse conectado y preparado, sin importar los desafíos que se le presenten.

Apéndices

Glosario de términos y conceptos clave

A continuación se muestra un glosario de términos y conceptos esenciales para ayudarle a navegar por el mundo de la comunicación por radio:

- **Frecuencia** : La velocidad a la que oscila una señal de radio, medida en hercios (Hz).
- **VHF (Very High Frequency)** : Frecuencias entre 30 MHz y 300 MHz, ideales para comunicaciones con línea de visión.
- **UHF (Ultra Alta Frecuencia)** : Frecuencias entre 300 MHz y 3 GHz, que ofrecen un alcance más corto pero una mejor penetración a través de obstáculos.
- **VOX (Transmisión activada por voz)** : una función que permite la operación manos libres al transmitir cuando se detecta sonido.

- **CTCSS/DCS** : Tonos subaudibles utilizados para filtrar transmisiones, permitiendo únicamente comunicaciones de radios que transmiten el tono correcto.
- **Cifrado** : Técnicas utilizadas para proteger las comunicaciones, haciéndolas inaccesibles para oyentes no autorizados.
- **Canal** : Una frecuencia específica o un par de frecuencias utilizado para la comunicación.
- **Repetidor** : Dispositivo que recibe una señal en una frecuencia y la retransmite en otra para ampliar el alcance de la comunicación.
- **One-Time Pad (OTP)** : un método de cifrado de alta seguridad en el que se utiliza una clave aleatoria para cifrar y descifrar un mensaje.
- **Etiqueta Alfa** : Una etiqueta personalizable para un canal de radio, que permite una identificación y uso más fácil.

Guía de solución de problemas para problemas comunes

Incluso los usuarios más avanzados se enfrentan a dificultades técnicas ocasionales. A continuación, se incluye una guía de solución de problemas para solucionar algunos problemas comunes con las radios Baoteng:

1. La radio no se enciende

- **Solución** : Verifique la carga de la batería y asegúrese de que esté conectada correctamente. Intente reemplazar la batería si el problema persiste.

2. Mala calidad de la señal

- **Solución** : asegúrese de que la antena esté bien colocada y no presente daños. Pruebe a utilizar una antena de mayor ganancia o a reubicarla en una ubicación con menos obstrucciones.

3. No se puede acceder a un repetidor

- **Solución** : Verifique que la frecuencia, el desfase y los tonos CTCSS/DCS del repetidor estén programados correctamente. Asegúrese de estar dentro del alcance.

4. VOX no se activa

- **Solución** : Verifique la configuración de sensibilidad en el menú VOX. Asegúrese de que el entorno sea lo suficientemente silencioso para que la función se active correctamente.

5. Baja salida de audio

- **Solución** : Ajuste la configuración del volumen. Si el problema persiste, inspeccione el altavoz para ver si hay obstrucciones o daños.

6. Sobrecalentamiento del dispositivo

- **Solución** : Evite la transmisión prolongada y asegúrese de que el dispositivo no esté expuesto a la luz solar directa durante períodos prolongados.

Lista de frecuencias tácticas y de emergencia

La preparación para emergencias depende en gran medida de saber qué frecuencias sintonizar. A continuación, se incluye una lista de frecuencias que se utilizan habitualmente en diversas situaciones:

Servicios de emergencia

- **Radio meteorológica NOAA** : frecuencias entre 162,400 MHz y 162,550 MHz.
- **Departamentos de policía y bomberos locales** : consulte las bases de datos de frecuencias locales para encontrar canales específicos.
- **Comunicación de emergencia general** : utilice frecuencias designadas como 121,5 MHz para emergencias de aviación.

Frecuencias de emergencia de radioaficionados

- **Banda de 2 metros** : las frecuencias de emergencia más populares incluyen 146,520 MHz (frecuencia de llamada nacional).
- **Banda de 70 centímetros** : 446.000 MHz se utiliza comúnmente para comunicaciones de emergencia.

Comunicación táctica

- **MURS (Multi-Use Radio Service)** : Frecuencias entre 151.820 MHz y 154.600 MHz para uso táctico o personal.
- **Canales FRS/GMRS** : se utilizan con frecuencia en escenarios tácticos de corto alcance.

Búsqueda y rescate

- **Canales de banda marina** : Canal 16 (156,8 MHz) para llamadas de socorro.
- **Banda de aviación** : 121,5 MHz para balizas de emergencia.

Estos apéndices sirven como referencia rápida de términos, resolución de problemas y frecuencias esenciales, y le brindan las herramientas y el conocimiento necesarios para una comunicación por radio eficaz. Ya sea que sea un principiante o un usuario avanzado, tener esta información a mano aumentará su confianza y su preparación en cualquier situación.

Notas

Notas

Notas

www.ingramcontent.com/pod-product-compliance
Lightning Source LLC
La Vergne TN
LVHW022123060326
832903LV00063B/3630